Günter A. Ulmer (Hrsg.)

BEFIEHL DEM HERRN DEINE WEGE

Liedertext von
Paul Gerhardt
„F

CHRISTLIC
STUTTGAR

Befiehl dem Herrn deine Wege und hoffe auf ihn; er wird's wohl machen (Psalm 37, 5)

Wir Menschen sind alle »unterwegs«. Das Leben ist ein Wandern. Auf dem Wege begegnen uns Freude und Leid, erfahren wir Frohmachendes und Belastendes, fühlen wir uns sicher oder in Gefahren. Jeder weiß darum.

Auch David, der Psalmsänger des Alten Bundes, hat in seinem Leben Höhen und Tiefen durchschritten und dabei erfahren, daß es ohne Gott ein armes Leben ist. Davon spricht auch der 37. Psalm, in den er seine Glaubenserfahrungen hineingelegt hat: »Befiehl dem Herrn deine Wege und hoffe auf ihn; er wird's wohl machen.«

Der Glaubende weiß, daß er jederzeit zu Gott kommen darf, um dessen Führung und Hilfe zu erbitten. Wer sich im Glauben Gott anvertraut, kann seinen Weg durchs Leben getrost gehen. Davon sprechen auch die Psalmen. Sie wurden zur Zeit Davids im Gottesdienst meist mit Harfenbegleitung gesungen und bringen Klage und Zuversicht, Angst und Hoffnung zum Ausdruck.

Durch Jahrhunderte hindurch haben Gläubige die Psalmen zu ihren Gebeten gemacht und durch sie Kraft geschöpft und ihr Vertrauen zu Gott gefestigt.

Paul Gerhardt, der begnadete Liederdichter des 17. Jahrhunderts, hat uns die 13 Worte aus Psalm 37, 5 in seinem Lied »Befiehl du deine Wege« auf besondere Weise nahegebracht. Sie sind dadurch zu einem »Hohenlied des Gottvertrauens« geworden.

Für die zwölf Verse seines Liedes hat Paul Gerhardt als erstes Wort der einzelnen Strophen jeweils ein Wort des Psalmverses genommen. Diese dichterische Eigenart, daß die Anfangsworte der Strophen den Bibeltext ergeben, war eine beliebte Kunstübung jener Zeit.

»So geht Paul Gerhardt dem schönen Psalmwort entlang, bindet eine Strophe daran und verdichtet in dieses Bibelwort hinein, was er, von der Frömmigkeit des Psalmisten bewegt, über das Vertrauen mit Gott auszusprechen vermag« (Jörg Erb).

Wohl kaum ein Lied ist so stark zum Bestandteil des Glaubenszeugnisses der Christen geworden wie Paul Gerhardts »Befiehl du deine Wege«. Im Gottesdienst werden nur selten alle Strophen gesungen. Darum sollen in diesem Bändchen die einzelnen Strophen zur Besinnung anregen und zum Dank werden gegenüber Gott, der unser Leben in seinen treuen Vaterhänden hält.

Farbaufnahmen von der Lüneburger Heide sind dazwischen eingefügt. Eine kurze Lebensbeschreibung stellt den bedeutenden Liederdichter aus der Zeit des Dreißigjährigen Krieges vor.

Befiehl du deine Wege
und was dein Herze kränkt
der allertreusten Pflege
des, der den Himmel lenkt.
Der Wolken, Luft und Winden
gibt Wege, Lauf und Bahn,
der wird auch Wege finden,
da dein Fuß gehen kann.

Dem Herren mußt du trauen,
wenn dir's soll wohlergehn;
auf sein Werk mußt du schauen,
wenn dein Werk soll bestehn.
Mit Sorgen und mit Grämen
und mit selbsteigner Pein
läßt Gott sich gar nichts nehmen:
es muß erbeten sein.

Dein ewge Treu und Gnade,
o Vater, weiß und sieht,
was gut sei oder schade
dem sterblichen Geblüt;
und was du dann erlesen,
das treibst du, starker Held,
und bringst zu Stand und Wesen,
was deinem Rat gefällt.

Weg hast du allerwegen,
an Mitteln fehlt dir's nicht;
dein Tun ist lauter Segen,
dein Gang ist lauter Licht.
Dein Werk kann niemand hindern,
dein Arbeit darf nicht ruhn,
wenn du, was deinen Kindern
ersprießlich ist, willst tun.

Und ob gleich alle Teufel
hier wollten widerstehn,
so wird doch ohne Zweifel
Gott nicht zurücke gehn;
was er sich vorgenommen
und was er haben will,
das muß doch endlich kommen
zu seinem Zweck und Ziel.

Hoff, o du arme Seele,
hoff und sei unverzagt!
Gott wird dich aus der Höhle,
da dich der Kummer plagt,
mit großen Gnaden rücken;
erwarte nur die Zeit,
so wirst du schon erblicken
die Sonn der schönsten Freud.

Auf, auf, gib deinem Schmerze
und Sorgen Gute Nacht!
Laß fahren, was das Herze
betrübt und traurig macht;
bist du doch nicht Regente,
der alles führen soll:
Gott sitzt im Regimente
und führet alles wohl.

Ihn, ihn laß tun und walten!
Er ist ein weiser Fürst
und wird sich so verhalten,
daß du dich wundern wirst,
wenn er, wie ihm gebühret,
mit wunderbarem Rat
das Werk hinausgeführet,
das dich bekümmert hat.

Er wird zwar eine Weile
mit seinem Trost verziehn
und tun an seinem Teile,
als hätt in seinem Sinn
er deiner sich begeben
und solltst du für und für
in Angst und Nöten schweben,
als frag er nichts nach dir.

Wird's aber sich befinden,
daß du ihm treu verbleibst,
so wird er dich entbinden,
da du's am mindsten gläubst;
er wird dein Herze lösen
von der so schweren Last,
die du zu keinem Bösen
bisher getragen hast.

Wohl dir, du Kind der Treue!
Du hast und trägst davon
mit Ruhm und Dankgeschreie
den Sieg und Ehrenkron:
Gott gibt dir selbst die Palmen
in deine rechte Hand,
und du singst Freudenpsalmen
dem, der dein Leid gewandt.

Mach End, o Herr, mach Ende
mit aller unsrer Not;
stärk unsre Füß und Hände
und laß bis in den Tod
uns allzeit deiner Pflege
und Treu empfohlen sein,
so gehen unsre Wege
gewiß zum Himmel ein.

Der Liederdichter Paul Gerhardt (1607–1676)

Paul Gerhardt gehört zu den bedeutendsten Liederdichtern der evangelischen Christenheit. Am 12. März 1607 – elf Jahre vor Ausbruch des Dreißigjährigen Krieges – in Gräfenhainichen geboren, wächst er in einer Familie auf, die fest in der lutherischen Tradition verwurzelt ist. Mit zwölf Jahren verliert er den Vater, Bürgermeister in Gräfenhainichen, einer kleinen Stadt bei Wittenberg. Zwei Jahre später stirbt auch seine Mutter. Zusammen mit seinem Bruder wird er in die Sächsische Fürstenschule in Grimma aufgenommen, deren besondere Ziele die Förderung von Begabung, Gottesfurcht und Bekenntnistreue sind. Nach erfolgreichem Abschluß studiert er in Wittenberg Theologie.

Inzwischen tobt in den deutschen Landen der Krieg zwischen katholisch und protestantisch orientierten Landesherren, der als Dreißigjähriger Krieg in die Geschichte eingegangen ist (1618–1648). Unzählige Städte und Dörfer werden geplündert und zerstört. Auch Gräfenhainichen, Gerhardts Heimatort, wird 1637 ein Raub der Flammen. Im gleichen Jahr stirbt sein Bruder an der Pest. Daraufhin siedelt Paul Gerhardt als Hauslehrer nach Berlin über, das damals etwa 4000 Einwohner hat.

In dieser Zeit entstehen eine ganze Reihe von Liedern, die von seinen persönlichen schmerzvollen Erfahrungen und vom großen Leid jener Zeit geprägt sind und gerade deswegen den Gemeinden in Not und Todesnähe Trost und Zuversicht vermitteln können. Durch die meisterhaften Vertonungen von Johann Crüger, dem Kantor von St. Nicolai in Berlin, werden sie bald als Kirchenlieder und Chorgesänge weithin bekannt. In der 3. Auflage von Crügers Gesangbuch »Praxis pietatis melica« von 1647 erscheinen die ersten 18 Lieder Gerhardts, darunter auch »O Haupt voll Blut und Wunden«. Daß Paul Gerhardt seine Lieder nicht selber herausgibt macht deutlich, daß er nicht Dichterruhm sucht, sondern Diener der Gemeinde sein will.

1651 wird Gerhardt als Probst nach Mittenwalde berufen. Dort erlebt er eine Zeit fast ungestörten Glücks und dichterischer Fruchtbarkeit. 1655 verheiratet er sich mit Anna Maria Berthold. Aber noch sind die Auswirkungen des Dreißigjährigen Krieges nicht überstanden, und auch in seinem Haus fehlt es oft am Nötigsten. So wird berichtet, daß eines Tages nichts mehr zu Essen da ist. Paul Gerhardt schließt sich in sein Zimmer ein und besinnt sich auf eine Speise, die nicht vergeht. Nach drei Stunden liest er seiner Gattin das daraus entstandene Lied vor: »Befiehl du deine Wege und was dein Herze kränkt, der allertreusten Pflege des, der den Himmel lenkt...«

Von Mittenwalde führt sein Weg 1657 nach Berlin an die Hauptkirche St. Nicolai. Gerade in diese Zeit fällt der Streit um die Erneuerung des kurfürstlichen Toleranzedikts. Paul Gerhardt kann dem nicht zustimmen und verteidigt um seines Gewissens willen den lutherischen Glauben gegen alle Reformbestrebungen. Die angebotenen Kompromisse sind für ihn kein Ausweg. Lieber geht er 1660 als Archidiakonus nach Lübben. Seine Frau und vier seiner Kinder hat er während der Berliner Zeit verloren. So führt seine verwitwete Schwägerin ihm den Haushalt und nimmt sich des einzigen am Leben gebliebenen Sohnes an.

Sieben Jahre dient er der Gemeinde in Lübben, bis er am 27. Mai 1676 stirbt. Seine letzte Ruhestätte findet er in der Hauptkirche zu Lübben in der Nähe des Hauptaltars.

Neben Martin Luther ist Paul Gerhardt wohl der bekannteste evangelische Liederdichter. Er hat weit mehr als 100 Lieder geschaffen, von denen viele noch gern gesungen werden und die bis heute nichts von ihrer Kraft und Glaubenstiefe verloren haben.

© 1987 Christliches Verlagshaus GmbH, Stuttgart
Fotos: Günter Albert Ulmer, Schönaich
Gesamtherstellung: Druckhaus West GmbH, Stuttgart
ISBN 3-7675-7701-1